LA
VÉRITÉ SUR ALGER.

PARIS. — IMPRIMERIE DE AUG. AUFFRAY,
PASSAGE DU CAIRE, Nº 54.

LA
VÉRITÉ SUR ALGER,

Par Eugène P....

RÉCEMMENT DE RETOUR D'AFRIQUE.

Paris,

CHEZ LES LIBRAIRES DU PALAIS-ROYAL,

ET CHEZ L'AUTEUR, RUE S.-HONORÉ, N° 64.

1831.

INTRODUCTION.

LE motif qui m'a guidé dans la publication de cet Opuscule n'est certainement pas l'orgueil de passer pour écrivain ; étant loin de posséder les talens voulus pour cela ; aussi, qu'on ne s'imagine pas y trouver la logique et l'éloquence, j'ai pensé que pour dire la vérité, ces qualités sont tout-à-fait inutiles ; mon but unique est d'éclairer les personnes qui, comme moi, se font un beau tableau de la colonisation d'Afrique. Si après la lecture de mon ouvrage le lecteur est pénétré que je lui ai dit l'exacte vérité, je pourrai encore me vanter que mon voyage et mes peines ont eu quelque succès.

LA
VÉRITÉ SUR ALGER.

ALGER, capitale de ce royaume, est bâtie sur une montagne en forme d'amphithéâtre, baignée au nord et au nord-est dans la Méditerranée. L'aspect de cette ville n'offre rien de beau; à peine le navire qui vous y porte est-il en vue de ses murs, qu'il vous semble voir une longue muraille blanche très-élevée, et ce n'est que lorsque vous en êtes assez près, que vous pouvez distinguer les maisons qui sont d'un blanc sale, et forment un amas de pierres, tant les rues sont serrées et étroites, puisqu'à peine cinq hommes de front peuvent y passer. Le seul agrément qu'offrent ces maisons, ce sont les terrasses qui sont à leur sommet, qui servent de promenades, et procurent la vue la plus agréable du côté de la mer et de la campagne.

Aucune fenêtre ne donne sur la rue, elles sont percécs du côté des galeries, et ne reçoivent le jour que de la cour; elles ne sont point vitrées, ce sont des barres de fer qui se croisent les unes près des autres. Les appartemens n'ont rien de remarquable, ils ne sont point embellis par l'ornement d'un mobilier, les Algériens ne se servent que de tapis pour s'asseoir et pour prendre leur nourriture. Une famille entière occupe le même appartement, qui est très-étroit, mais par compensation d'une longueur étonnante.

Avant l'expédition des Français, les femmes maures sortaient peu de leur appartement, mais depuis on en voit quelques-unes dans les rues; il est difficile de juger de leur beauté, à cause de leur manière de se vêtir; elles ont une couverture en laine qui prend au-dessous des sourcils, enveloppe la tête et tombe jusqu'aux pieds : elles ont, en outre, un morceau de toile qui leur cache le visage, à l'exception des yeux, et qui descend jusqu'au-dessous du sein. Elles ignorent l'usage du corset, marchent sans bas, et ont un pantalon à la mameluk. J'ai eu occasion d'en voir quelques-unes découvertes, mais c'est à la faveur du trou de leur porte. J'ai remarqué qu'elles se colorent les ongles des pieds et des mains, et qu'elles se teignent les sourcils; toutes ces grimaces les rendent aux yeux des Français presque dégoûtantes. Malgré le séjour des Européens dans leur pays, elles ne sont nullement civilisées; si par un hasard assez grand elles se trouvent sur leur porte, lorsque des Français passent, elles se sauvent en la fermant d'une manière assez brusque. Un jour, je revenais de promenade, accompagné d'un de mes amis : à la sortie de la ville, nous rencontrâmes deux femmes maures; l'originalité de leur costume, nous fournit l'occasion de rire; ces dames jugèrent mal sans doute de nos intentions, car chacune d'elles ramassa des pierres pour nous les jeter à la tête, dans le cas où nous les insulterions : il n'y a rien de bien agréable dans une telle conduite, surtout pour des jeunes gens.

Il est vrai qu'on se trouve dédommagé chez les Juives, dont l'entrée de la maison est ouverte à tout le monde; mais ces femmes n'ont rien de ce qui plaît; leur vêtement diffère de beaucoup de celui des Mauresques; elles ont pour coiffure des bonnets en fer à jour, en forme de pain de sucre, de deux à trois pieds de long. Lorsqu'elles sortent, elles couvrent ce bonnet d'une couverture ou d'une gaze qui tombe jusqu'aux pieds. Elles ont, en outre, une robe noire, ornée de broderie, et ne portent ni bas ni corset : elles ont pour chaussure des sandalles qui ont l'entrée si étroite, qu'à peine leurs pieds peuvent y entrer. Elles aiment assez les Français, mais ceux-ci ne sont guère empressés auprès d'elles, parce qu'elles ont comme les Mauresques, le vilain usage de se teindre les ongles des pieds et des mains, et de noircir leurs sourcils. Il n'y a point d'excès dans leur propreté, excepté le samedi, qui est leur dimanche, où elles mettent un soin recherché sur elles et dans leur maison.

Les habitans d'Alger, tels que Maures, Turcs et Juifs, sont tous marchands; ils ont des boutiques dont la façade n'a pas plus de vingt pieds carrés : elles sont toutes élevées, au point que le propriétaire pour y entrer, est obligé de faire un saut : deux personnes au plus peuvent s'y placer, elles contiennent à peu près pour deux à trois mille francs de marchandises, et l'acheteur est forcé de faire ses achats étant dans la rue.

La population d'Alger peut être évaluée à cent mille âmes; mais elle est beaucoup augmentée par les Européens et puis encore par les Bédouins, qui avant l'expédition n'étaient jamais entrés dans la ville. Cette nombreuse population circule difficilement dans une ville aussi petite et des rues aussi étroites : lorsque les voitures de l'armée, qui sont souvent au nombre d'une vingtaine, roulent dans la ville, on est obligé pour les laisser passer de rebrousser chemin. Les Algériens ne connaissent point l'usage des voitures, ils ont pour voyager des mules, et montent sur des selles enrichies de broderies d'or et d'argent.

Le gouvernement a détruit plusieurs rues et mosquées pour faire une place, elle se nomme place du Gouvernement; c'est le rendez-vous de tout le monde, et sert aussi pour la vente des denrées; son aspect est tout-à-fait curieux, on y voit des Français, des Italiens, des Espagnols, des Maures, des Turcs, des Juifs et des Nègres.

Jusqu'au mois de mai le climat est très-bon à Alger, mais les quatre mois suivans offrent beaucoup d'inconvéniens à cause des grandes chaleurs; les mouches y sont en si grande quantité, que souvent elles entrent jusque dans la bouche. Il est dangereux d'arriver en Afrique au mois de juin; les chaleurs excessives occasionnent des maladies qui vous entraînent en peu de temps au tombeau; il faut avoir soin de ne pas manger avec excès des oranges, qui sont dans le pays en très-grande quantité. J'ai vu mourir beaucoup de Parisiens, parce qu'ils ne

mettaient point assez de retenue dans leur manière de vivre.

Le soomon ou vent du sud, est très-incom-
mode, comme il arrive des tropiques et qu'il
passe sur les déserts brûlans, il est chargé de
particules d'un sable si fin, qu'il serait insup-
portable, s'il durait plus d'un mois. Si l'on se
trouve à la campagne, on est enveloppé de
tourbillons de sable qui pénètre dans le nez,
la bouche et les yeux; avec de tels inconvéniens, on risque beaucoup de périr par les maladies qu'ils occasionnent, si l'on ne prend de
grandes précautions.

La campagne qui environne Alger n'a rien
de superbe, ce n'est que montagnes et ravins;
on n'y aperçoit point ces belles plaines et ces
beaux sites que l'on voit en France. Les maisons tombent pour la plupart en ruines, à
l'exception de quelques-unes qui sont remarquables par la profusion du marbre qu'on y
remarque de tous les côtés.

Victime de la révolution de 1830, je formai

le projet de chercher fortune hors la France, et Alger était selon moi le pays qui devait offrir plus davantage, comme pays neuf. Je partis de Paris le 15 décembre 1830, emportant avec moi quelques marchandises, telles que cravates, chemises, bretelles et gants. Je m'embarquai à Toulon le 29 décembre, et le 28 janvier je fus en Afrique, après avoir couru sur mer les plus grands dangers. Enfin je débarque, et me voilà rue de la Marine, qui est la première par laquelle on entre dans la ville; j'étais au milieu de cette rue que je me croyais encore éloigné d'Alger : je ne pouvais croire qu'on osât donner ce nom à deux murailles sales et dégoûtantes, qui se touchent presque. J'arrive à la place du Gouvernement, où je vis le spectacle le plus misérable : c'était une quantité de Bédouins qui vendaient au marché leurs denrées; ces hommes sont tous couverts de couvertures qui tombent en lambeaux, elles sont attachées sur leur front avec des cordes en poil de chameau : ajoutez à ce costume sale leur barbe et la vilaine couleur de leur peau, vous aurez une idée du triste spectacle qui s'offrit à ma vue. Je continuai mon chemin en traversant des rues plus laides les unes que les autres; j'avais heureusement une personne qui m'avait préparé un appartement, car seul dans ce pays j'eusse été fort embarrassé de trouver un gîte, puisqu'il n'y a point d'hôtel où l'on trouve des chambres préparées. Je m'informai des ressources du pays, j'appris, à mon grand étonnement, qu'il n'en présentait aucune, les marchandises surpassaient les besoins, et y étaient aussi bon marché qu'en France. Peu s'en fallut que je quittasse les côtes d'Afrique presqu'aussitôt mon arrivée; mais tout doucement je m'habituai dans le pays, et je formai la résolution d'y faire quelque chose. Je commençai, pour ménager ma bourse, à accepter un emploi dans les vivres, et je me livrai au travail avec beaucoup d'ardeur, mais je n'en retirai aucun fruit, le comptable qui m'employait, était très-mal dans ses affaires, et ne payait personne. Un jour il perdit la tête, et se coupa la gorge.

Libre encore une fois de mes actions, je pensai à acheter des propriétés en rente perpétuelle; mais les meilleures terres étaient déjà en possession des premiers venus, et puis je remarquai que beaucoup de propriétaires nouveaux, laissaient leurs terres incultes, parce qu'ils manquaient d'instrumens aratoires, de fonds suffisans pour les frais de culture, et des connaissances profondes pour obtenir un bon résultat, et enfin, tout compte fait, j'ai trouvé que le capitaliste ne tirerait point de ses fonds 8 p. 0/0.

Je formai le projet de spéculer sur la fleur d'oranger, je n'eus encore aucun succès dans cette affaire, à cause de la mauvaise foi de celui qui m'y avait engagé. Malheureusement, ces sortes de gens ne manquent point à Alger, il semble que ce pays soit le rendez-vous des intrigans et des fripons; une grande partie des gens qui y ont des établissemens, y vivent en concubinage, après avoir laissé leurs femmes légitimes dans leurs pays.

Les assassinats sont assez fréquens, j'y ai vu même, en plein midi, des Français périr par le fer des fanatiques : ces fous s'imaginent être très-agréables à leur dieu, en donnant la mort à l'homme qui ne professe pas leur religion, et puis ils comptent toujours sur une récompense de Mahomet. Le trait suivant le prouve :

Un Maure, âgé à peu près de quatre-vingts ans, muni d'un poignard, arrive à la place du Gouvernement; ce vieillard fanatique se jette avec fureur sur le factionnaire, et lui plonge son fer meurtrier dans le milieu du ventre; non content de son premier crime, il court de nouveau sur un autre militaire, qui ne fut heureusement que blessé. Il est arrêté de suite, et livré à la justice, et peu de jours après condamné à mort. On lui fit entendre qu'il peut rappeler de son jugement; il répondit avec fierté qu'il en serait bien fâché, puisqu'il allait trouver Mahomet, qui le rendrait plus jeune, et

2

lui donnerait autant de femmes qu'il en désirerait.

Les Bédouins sont aussi très à craindre, et ce n'est point sans danger qu'on s'éloigne d'Alger à plus de trois lieues; on risque d'être assassiné par ces barbares, et malheureusement on en a la preuve trop souvent. Comment penser à coloniser un pays où un cultivateur ne peut travailler la terre qu'à trois lieues loin de la ville. Il faudrait, pour tirer un parti avantageux de ce pays, quarante mille hommes de troupes, car différemment...... On poursuit bien les Bédouins, mais cette peuplade nomade qui n'a point d'habitation fixe, s'éloigne à vingt lieues de la ville; et on la voit bientôt reparaître quand les troupes sont rentrées dans leur garnison.

Le gouvernement ne peut faire aucune concession, puisque chaque propriété a son propriétaire; mais on achète à celui-ci, soit en rente perpétuelle ou à forfait. Si les villes qui sont dans le voisinage d'Alger, telles que Belida,

Medea, Constantine, etc., étaient occupées par nos troupes, oh! alors, dans ce cas, il n'y aurait pas à balancer, il y aurait avantage à se faire colon, mais tant qu'Alger seul sera en notre pouvoir, autant rester chez soi.

Je ne comprends pas comment toutes les villes que je viens de citer ne sont pas occupées, puisque ce serait le seul moyen de coloniser l'Afrique. Depuis la prise d'Alger il se fait souvent des expéditions dont je ne comprends pas le but, puisqu'elles nous ramènent toujours au même point, dans Alger. Si le gouvernement français était sérieusement décidé à fonder la colonie, je le répète, il faut qu'avec des forces suffisantes on occupe la ligne de l'Atlas, et qu'on garde militairement la belle et vaste plaine de la Métidja; mais je crois que c'est trop présumer de notre gouvernement; il semble que les chaînes de l'Angleterre sont toujours attachées à notre malheureuse patrie; car il ne faut pas se le dissimuler, l'Anglais ne verrait pas d'un œil tranquille notre colonisation en

Afrique, et notre puissance bien établie à Tunis, à Maroc, à Tripoli, etc. etc. Le général Clausel avait très-bien conçu le vrai plan de la colonisation, mais son système déplut au ministère, puisque le général fut rappelé, et remplacé par le général Berthezène, qui n'osa même pas faire entrer nos troupes dans Bélida, lorsqu'il en fit l'expédition, et cela au grand mécontentement de l'armée. Cependant le drapeau tricolore, emblême de la toute puissance d'un grand peuple, flotte sur le fort l'Empereur et sur la Cazauba!

Enfin espérons toujours, et dans le cas où la colonisation serait reconnue, je dois faire connaître les genres de culture auxquelles sont propres les contrées dont je viens de parler; elles comprennent toutes les céréales jusqu'au maïs. Le riz viendrait bien dans les endroits bas de la Métidja, l'olivier, le mûrier, le citronnier, le coton, l'indigo, la garance, réussiront parfaitement bien.

Le succès de la colonisation dépend aussi de

la manière dont les produits d'Alger seront considérés en France, et des droits dont ils seront frappés.

On a souvent dit que le gouvernement français finirait par céder la régence d'Alger aux Anglais : ce serait la plus grande faute que feraient l'un et l'autre gouvernemens, parce que les Algériens qui jamais n'avaient vu un peuple étranger entrer dans leur ville par la force des armes, sont persuadés aujourd'hui que les Français seuls en étaient capables, et ceux-ci, une fois sortis de la colonie, aucune autre puissance ne pourrait s'y soutenir, les conjurations se répéteraient souvent, et des flots de sang en seraient le résultat; car les Algériens se demanderaient par quel droit sont-ils tenus d'obéir aux lois anglaises, puisque déjà ils supportent avec peine la domination française, et ont tramé plusieurs fois des conspirations, qui heureusement ont toujours été étouffées.

Dégoûté de tout, et prévoyant ne rien faire dans un tel pays, je me préparai à en sortir, voulant au moins me couvrir de mes frais de voyages; je formai le projet d'acheter des peaux qui sont dans ce pays à très bon marché; mais je fus bien surpris quand on me dit que je ne pouvais faire ce commerce, attendu que le gouvernement s'était engagé envers la maison Sellier, moyennant une somme de 60,000 francs par année, de lui donner à elle seule le droit de faire dans toute l'Afrique le commerce de peaux. C'est, selon moi, un grand abus, et qui porte un grand préjudice au commerce : libre au gouvernement de tirer parti de ses intérêts suivant sa conception; mais compromettre les intérêts d'un boucher français ou africain, c'est trop arbitraire; et puis le montagnard ne se presse guère d'apporter à la ville ses peaux, pour ne les vendre que le prix qu'il conviendrait à la maison Sellier de les lui acheter, puisqu'il ne peut chercher d'acheteurs plus raisonnables.

Je vis bien enfin que j'en serais pour mes frais de voyage, je me promettais cependant de revenir, mais cette fois avec des marchandises propres aux habitans du pays. Je voulus, pour réaliser ce projet, prendre quelques arrangemens avec un juif, marchand d'Alger, qui me dit qu'il ne pouvait faire aucun commerce avec la France, que Livourne et l'Angleterre pouvaient seules lui fournir les marchandises propres à son commerce. — Comment, lui dis-je, est-ce que depuis la conquête d'Alger le pays n'est point pour ainsi dire forcé de consommer les produits venant de France? — Oh! non, me répondit-il, depuis bien long-temps nous sommes habitués à commercer avec l'Angleterre et l'Italie, et à moins qu'on ne mette un droit très-fort sur les marchandises venant de ces pays, nous continuerons avec eux nos anciennes relations. — Mais, lui dis-je, le droit imposé sur les marchandises étrangères doit être plus fort que celui imposé sur celles venant de France. — Vous ne payez, me dit-il, que 4 pour 0/0, tandis que nous en payons 8; et certes, cette différence n'est point assez grande pour nous faire changer nos relations.

Quoi! me dis-je, la France a dépensé, et dépense encore considérablement pour la conquête d'Alger, et elle ne jouit même pas de l'avantage de fournir au pays toutes les marchandises propres à sa consommation.

J'avoue que je ne conçois rien au système de notre gouvernement pour ce qui regarde nos affaires commerciales, puisque le négociant Algérien ne changerait ses relations de commerce qu'autant qu'on le forcerait de payer un droit très-fort sur les marchandises étrangères. Je pense qu'il faudrait imposer sur nos marchandises un droit de 8 pour o/o, et sur celles étrangères en imposer un de 25 à 30, l'état y gagnerait beaucoup, et la France trouverait pour ses produits une grande consommation; sans cela le commerce que l'on fait à Alger se réduit à la vente faite, aux militaires et aux employés de l'armée, cela est bien peu de chose, attendu le grand nombre de négocians qui y sont établis.

Les restaurans et les cafés ne manquent point

à Alger; de tous les côtés ces sortes d'établisse-mens s'offrent à la vue, et la plupart sont dé-serts, ils sont rarement fréquentés par les Algé-riens; ceux-ci ont leurs cafés où ils se rendent régulièrement tous les soirs, mais ces établis-semens n'offrent aucun luxe, c'est une espèce de caveau, avec des siéges en pierres, le long de chaque muraille, couverts de paillassons, sur lesquels les Algériens s'assoient; ils fument, et prennent du café sans sucre pendant tout le temps qu'ils y restent; la demi-tasse se paie un sou dans chaque établissement; il y a un musi-cien qui fait entendre une musique fort en-nuyeuse, c'est toujours le même son, qui ne signifie rien; la houlette de nos bergers est cent fois préférable.

Un tailleur qui saurait bien travailler et qui pourrait apporter quelques draps, quelques étoffes pour pantalon d'été, suivi de cinq à six ouvriers, celui-là, certes, gagnerait de l'argent; il y en a bien à Alger, mais ils manquent d'ar-gent et d'ouvriers; de sorte, qu'il est bien difficile de se bien faire habiller, et promptement.

Une blanchisseuse y ferait bien aussi; il n'y a guère à Alger que les Juives pour ce travail, et elles n'y entendent rien. Les chemises sont très-mal plissées, et elles se servent de colle pour remplacer l'amidon.

Une ouvrière qui se livrerait à toutes sortes d'ouvrages, tel que le raccommodage de bas, la façon des chemises, la façon des robes, etc. etc, cette ouvrière arrivant à Alger, suivie de trois femmes, je lui réponds presque de son succès.

Un serrurier pourrait très-bien y faire ses affaires, puisqu'il n'y en a pas.

Un sellier y réussirait très-bien.

Une fabrique de chandelles aurait un plein succès; on ne se sert à Alger que de chandelles de cire qui coûtent très-cher.

Une fabrique de vermicelle pourrait aussi y réussir.

Encore faut-il, pour réaliser ces projets, être sûr de la fondation de la Colonie.

Il existe à la campagne des propriétés qui présentent de très-grands avantages; je citerai parmi celles-ci le jardin de l'Aga, la maison Carrée et le jardin du Dey. Celui-ci est d'une beauté et d'une grandeur remarquables, et offre pour la ville une grande ressource, à cause des légumes qu'on peut y cultiver. Il appartient, m'a-t-on dit, aux aides-de-camp du général Berthezène, qui l'exploitent pour leur propre compte, en payant une somme de 1500 francs par an. J'ai entendu dire de la bouche même de M. Crevel, l'un de ces aides-de-camp, qu'il voulait retirer chaque jour 100 francs de la vente de ses légumes, s'il réalisait ses espérances; le rapport de ce jardin serait donc annuellement de 36,000 fr. On y occupe à peu près quinze jardins militaires. Messieurs les aides-de-camp ont été obligés de faire quelques réparations, des portes neuves ont été construites, il a fallu acheter des bœufs pour labourer la terre, qui, en quelques endroits, n'avait jamais été remuée. Tout cela, j'en conviens, demande beaucoup de dépenses; mais, tout compte fait, je trouve que l'on ne doit pas avoir dépensé plus de 7,000 francs, y compris le labour des quinze jardiniers; les propriétaires dudit jardin auraient donc un produit de 29,000 fr. pour une somme de 1500 fr. Il me semble qu'il eût été plus juste et plus légal de joindre à ce jardin les bonnes terres qui l'entourent, plutôt que de les concéder à M. Chevreau, chirurgien en chef, et puis en faire une adjudication au plus offrant et dernier enchérisseur. Plusieurs personnes que je connais particulièrement auraient soumissionné une somme très forte; donc le gouvernement y aurait gagné considérablement.

Le jardin de l'Aga et la maison Carrée appartiennent au général Clausel, il n'y a pas eu pour ces propriétés d'adjudication.

Beaucoup de gens occupent des places auxquelles ils n'entendent rien; je citerai pour exemple celle que l'on a donnée à un nommé C....., elle existe dans les poids et mesures, il reçoit pour cela 2,400 fr. par an. Un jour je rencontre cet individu, le front rayonnant de gloire, et portant comme en triomphe une mesure à la main. — Voilà, me dit-il, une mesure que je viens de saisir, c'est le centimètre. Je ne sais ce qu'a voulu me dire M. C.....; mais je lui dirai que la mesure en usage en France pour l'aunage des étoffes est le centimètre, et qu'on ne se sert guère du mètre. Un autre jour, j'eus occasion de mettre ses connaissances à l'épreuve, ayant eu besoin de savoir quelle était la valeur de la livre d'Alger, je priai M. C..... de me donner les renseignemens à cet égard. Il me demanda un jour pour me donner sa réponse, mais moi, plus généreux que lui, je lui en accordai deux; eh bien! malgré cela, le pauvre employé ne put me satisfaire.

A propos de ce M. C....., je le priai un jour de s'intéresser en faveur d'un de mes amis, M. S....., homme fort respectable, et rempli de grandes capacités administratives, malgré toutes ses belles recommandations auprès de plusieurs personnes influentes, il ne put obtenir un emploi digne de lui. Ce brave homme voyait tous les jours diminuer sa bourse, sans espoir de réaliser les belles espérances qui l'avaient conduit, comme bien d'autres, en Afrique, fatigué d'attendre et de travailler chez des comptables qui ne le payaient point, il se résigna à accepter une place dans les poids et mesures que lui procura ce M. C....., elle était de 5o fr. par mois. Cependant pour l'obtenir il fallait être dans les bonnes grâces de M. le maire, qu'elle regardait particulièrement; justement M. S..... avait été recommandé auprès de ce magistrat. Fort de cette faveur, il pensait bien que la modique place ne lui échapperait pas. Qui le croirait? M. S..... ne put l'obtenir : des Maures qui avaient cet emploi, firent de vives réclamations. Dans la crainte de fâcher ces messieurs, on le leur laissa, et M. S..... eut pour lui l'humiliation de s'être abaissé si bas.

En France, le gouvernement, pour éloigner de lui une classe d'hommes qui le gênait un peu, eut l'idée de les envoyer en Afrique, ils arrivèrent à Alger, sous le titre de Parisiens; ils étaient commandés par des officiers dont les principes politiques et les qualités morales suffisaient pour rechercher leur société, je citerai parmi eux MM. Huguet, Hubert, Frémont et Channeuf. Ces officiers, parce qu'ils commandaient des hommes, peu recommandables sans doute, à cause de leur peu de discipline, et parce qu'ils étaient les hommes des trois journées qui sauvèrent la France, ces officiers, dis-je, furent reçus froidement par les chefs de l'armée d'Afrique : ceux-ci qui n'avaient point été témoins de l'héroïsme de nos braves Parisiens, s'imaginèrent que c'était une poignée de factieux, qui avait chassé le roi parjure, et tiraient de cette conséquence que les nouveaux officiers, n'étaient pas dignes de leur considération; en effet, un militaire gradé qui eût été, à Paris, l'ami, par exemple, de M. Huguet, aurait cru s'humilier en le reconnaissant pour tel en Afrique. Je m'étonne encore que M. le général en chef n'ait point commandé une fête pour la réception de ces hommes généreux; ne le méritaient-ils pas bien; n'avaient-ils pas été les premiers à prendre les armes pour secouer le joug qu'une affreuse politique voulait imposer à la France. Un superbe banquet patriotique aurait dû être préparé pour leur être offert par les officiers de l'armée d'Afrique; au lieu de cela, on ne les abreuva que d'humiliations; j'en appelle aux personnes que j'ai citées. Je pense cependant qu'avec le temps l'armée d'Afrique reconnaîtra son erreur, et que les deux partis n'auront plus qu'une seule et même pensée.

Je m'arrête, mon cher lecteur, je crois que les vérités que renferme cet écrit, suffiront pour vous éloigner de vos beaux projets sur les spéculations à faire en Afrique; mettez un frein à votre bouillante ardeur, et, croyez-moi, malgré le peu de chance que la France vous offre, vous y serez mieux que dans un pays ou la probité et la sagesse ne sont comptés pour rien, si vous n'avez la bourse remplie de dourots (monnaie d'Alger), dans ce cas, vous aurez des amis, ou plutôt des hommes couverts du manteau de l'amitié.

MOEURS ET PARTICULARITÉS.

Des Juifs.

La nation juive à Alger ne jouit d'aucune considération; les Algériens n'ont pour eux que du mépris, aussi les lois du pays exigent-elles qu'ils adoptent pour leurs vêtemens une couleur qui les distingue des autres habitans, et cette couleur est le bleu foncé; avant l'expédition des Français, un Maure avait le droit d'entrer chez un Juif, de le chasser de chez lui, et d'exiger de sa femme les mêmes faveurs qu'elle accordait à son époux; et celui-ci faisait-il le méchant, sur la plainte du Maure il était sévèrement puni suivant les lois.

Depuis la domination française, les Juifs, d'esclaves pour ainsi dire qu'ils étaient, sont devenus fiers et arrogans à l'égard des Algériens, et si les Français abandonnaient la régence, toute la nation juive déserterait ce pays, pour éviter la vengeance des mahométans.

L'antipathie qui existe entre ces deux nations n'est que très-utile aux Français, en ce que, si les Maures et les Turcs conjurent entre eux, il est difficile que les Juifs n'en soient pas instruits, et ils s'empressent toujours d'en prévenir le gouvernement.

De la religion des Algériens.

Les Algériens sont tous mahométans, ils se rendent tous les jours dans leur mosquée, après avoir laissé leur chaussure à la porte. Ils se mettent à genoux à la manière orientale, et baisent la terre à tout moment, en portant les deux mains à leur turban. Ni les Juifs, ni les Français n'ont le droit d'entrer dans leurs mosquées. Ils ont une fête qu'on appelle le Ramazan; elle dure à peu près un mois, et pendant ce temps, ils ne mangent, ne boivent, ni ne fument qu'au coup de canon qui se tire vers les cinq heures du soir. Cette fête est observée si religieusement, qu'un Bédouin ayant suivi l'armée dans une expédition, après avoir marché une journée entière par une grande chaleur, vers les quatre heures il tomba de faiblesse; on l'engagea à prendre quelque nourriture, qu'il refusa. Il attendit le coup de canon, le morceau de pain à la main, tout prêts à le porter à la bouche.

Des Punitions.

La chenague est toujours en usage dans ce pays barbare, et ce n'est point sans frémir que je me rappelle avoir été un jour témoin de l'exécution de cette punition. Je me promenais tranquillement rue Babalouad, lorsque des cris affreux s'y firent entendre : je précipitai le pas, et je vis un nombre infini de spectateurs qui entouraient deux hommes donnant la chenague à un coupable, qui était étendu à plat ventre, sur la terre, les deux jambes en l'air, et les deux pieds attachés ensemble ; les deux hommes, chacun d'un côté, armés d'une baguette singlante, frappaient de toutes leurs forces sur la plante des pieds de ce malheureux, qui poussait des cris capables d'émouvoir même la pitié de ses bourreaux : ce supplice dura bien un quart d'heure.

L'homme convaincu de vol est condamné à avoir le nez coupé, cependant j'ai vu fort peu de ces condamnés.

La fille qui entretient un commerce illicite avec un jeune homme, est accusée même par les auteurs de ses jours, est condamnée à une mort terrible. Elle est mise toute vive dans un sac, et jetée à la mer.

Il faut espérer que le gouvernement français fera cesser ces cruelles punitions, qui n'appartiennent qu'à des temps beaucoup plus reculés et beaucoup plus barbares.

Des Prostituées.

Les femmes prostituées sont pour la plupart juives, mais il est bien dangereux de visiter ces dulcinées, presque toutes sont attaquées du mal fatal, dont elles ne guérissaient point avant l'arrivée des Français, parce qu'elles ignoraient les médicamens propres à cette maladie; aussi combien de nos Français ont été victimes de cette ignorance, et cependant, que faire dans un pays où le chaud climat semble ajouter aux privations de la plus aimable société. J'ai connu un homme de soixante à soixante-dix ans, grande victime de cette maladie : je me permis de lui reprocher qu'à son âge il n'était guère excusable de s'être mis dans un cas semblable. — Que voulez-vous, me dit-il, le soleil d'Afrique seul en est la cause.

Le port d'Alger. — Naufrage d'un bâtiment.

Ce n'est point sans danger qu'on aborde dans le port d'Alger : déjà beaucoup de bâtimens y ont péri, ou ont été jetés sur les côtes; et si malheureusement on tombe dans les griffes des Bédouins, ces barbares vous coupent la tête sans aucune forme de procès.

Lorsqu'à Marseille j'ai cherché à m'embarquer, il y avait un bâtiment qui heureusement mettait à la voile trop tard. Ce bâtiment eut le malheur de faire naufrage sur les côtes de Bougies, et tomba au pouvoir des Bédouins. Sur cinquante-deux passagers et matelots, le mousse seul et un passager furent sauvés; le reste a subi la mort la plus cruelle que font éprouver ces farouches barbares. Le mousse dut sa vie à son jeune âge, et le passager réussit à faire comprendre à ses bourreaux qu'ils recevraient une forte somme d'argent, s'ils voulaient l'épargner. Dans l'espoir de faire un fort gain, ces sauvages lui accordèrent la vie, et le général Clausel s'empressa d'envoyer un bâtiment chargé de la rançon pour racheter ces deux malheureux naufragés.

De l'Aloués.

L'aloués est une plante qui porte de longues et larges feuilles, dont on tire un fil qui s'emploie chez les Algériens; nos soldats en font des bourses, et même de fort jolis tapis. Cette plante est en grande quantité dans la campagne, elle remplace les haies pour border les routes et borner les champs de chaque propriétaire. Si un homme assez ingénieux parvenait à inventer une machine propre à moissonner une forte quantité de ce fil, en peu de temps ce serait une très-belle affaire pour lui, en ce que le fil de l'aloués pourrait s'employer à la fabrication de quelques tissus.

Tentative d'assassinat.

Un jour j'accompagnai un Maure d'un âge très-avancé, suivi de son esclave, pour visiter une campagne qu'il voulait me vendre. Après m'avoir fait remarquer tous les avantages de cette campagne, il m'engagea à le suivre pour me faire connaître une source d'eau qui me serait très-nécessaire. A peine étions-nous descendus dans un ravin où existait cette source, que je me sentis pressé par l'esclave, tandis que son maître cherchait dans son gilet quelque chose qu'il ne trouvait pas. Je conservai heureusement ma présence d'esprit : je terrassai l'esclave, et lançai un coup de pied au vieillard, et puis je me mis à grimper la colline avec une grande précipitation.

Je ne sais trop quelles étaient les intentions de ces deux fanatiques, mais je crois que j'ai été fort heureux de m'en débarrasser.

Fragment d'une lettre que j'ai reçue au moment où cet ouvrage était sous presse, je le fais connaître ici, parce qu'il vient à l'appui des bonnes raisons que j'ai données sur les faibles ressources qu'offre la ville d'Alger.

Du camp devant Alger, le 1er juillet 1831.

« Vous avez la complaisance d'exiger de moi
» que je vous fasse connaître ma position. Hélas!
» cher ami, elle est la même que vous l'avez
» connue avant votre départ, c'est-à-dire, bien
» triste, bien pénible, bien ennuyeuse, et peu
» lucrative, à peine si elle peut me suffire pour
» monter ma garde-robe entièrement délabrée;
» et puis faut-il donc végéter et mourir dans une
» complète nullité lorsqu'on se sent des moyens
» et de l'activité pour faire quelque chose d'u-
» tile? Ah! mon cher Eugène, combien la vie
» m'est à charge; je la passe dans l'exil, dans les
» dégoûts de toutes sortes. Mon existence est si
» monotone, si accablante, ma vie sans couleur

» et si désenchantée, que je m'abandonne cha-
» que jour au découragement le plus complet,
» et que je ne regarde pas une seule fois par la
» fenêtre cette vaste masse d'eau qui me sépare
» de l'Europe et des hommes moins sauvages et
» moins barbares que ceux-ci, sans me dire : Je
» ne traverserai plus cette plaine liquide, il faut
» laisser tes os ici, et cependant quel est pour
» moi cet obstacle insurmontable ? le manque
» de quelques centaines de francs, que je ne
» pourrai jamais réaliser ici : voilà, mon digne
» ami, où j'en suis ; je n'ai donc rien à vous
» mander de consolant me concernant ; plai-
» gnez-moi donc, puisque vous avez un excel-
» lent cœur, et que vous daignez prendre inté-
» rêt à moi. Ah ! mon ami, ce n'est vraiment
» que lorsque l'on en est privé que l'on connaît
» tout le prix de votre société : depuis votre dé-
» part je ne sais à qui me confier, pour alléger
» le fardeau de toutes les peines qui pèsent sur
» mon cœur ; au moins j'avais trouvé en vous
» un ami consolant, recherchant de préférence

» la société des malheureux, pour vous procu-
» rer le doux plaisir de les consoler ; je me rap-
» pelle quelquefois ces agréables momens que
» nous passions ensemble, sous ce bel oranger
» qui répandait sur nous tout le charme de son
» doux parfum ; c'est là que nous nous plai-
» sions à nous entretenir sur nos malheurs pas-
» sés, vous espériez encore réparer les vôtres ;
» mais vous, vous êtes jeune ; moi, hélas ! il y a
» déjà long-temps que j'ai perdu cet avantage,
» qui ne se retrouve jamais. Je visite quelquefois
» ce lieu, mais maintenant il ne m'offre que des
» regrets. L'arbre le plus stérile en France au-
» rait pour moi beaucoup plus d'attrait. »

FIN.